ドライバーズ・ハンドブック

交通心理学が教える 事故を起こさない20の方法

長塚康弘 著

新潟日報事業社

はじめに

交通事故防止の心理学

科学の時代といわれる今、私は、交通事故防止の取り組みに工夫を凝らせばこの事故という困りごとは排除できるのではないかと考え、何が現場の問題なのかを探ってきました。

1994年には運行管理者に「管理者の困りごと」というアンケートを実施しました。多くの回答があり、事故については①構内におけるバック事故の多発、②出合い頭・信号無視などの多発が困りごとであり、事故以外での困りごとは、①職場内コミュニケーションの不調、②健康管理・生活指導上の困難などであることが分かりました。事故は基本を忘れた振る舞いに原因があることが示されました。

2006年にも同じ内容の調査を行う機会があり、50社の運行管理者および安全運転管理者を訪問して話を聞くことができました。結果の一部を記しますと、「細かい事故、つまらない事故が多い、一つ間違えば大事故にもなりかねない事故が多く困っている」といいます。「役所や協会などの講習には必ず出席しているが、もっと具体的な指導が欲しい、危険予知訓練もきちんとやっているのに事故が起きる。対策がマンネリ化していると思う」というのです。

身近な構内やよく通行している交差点などでの「つまらぬ事故」＝管理者の皆さんは一時停止や確認を実行しない事故を指します＝が多発する傾向にあり、何とかならないかと思っていることが今回も示されました。2回の調査に共通するのは、皆さんが「事故が多い、本当につまらぬ事故が多い」と語ったことです。ある管理者は、「何をしたらよいか分からない。正直言って何もしていない。上からの指示や交通安全のポスターやステッカーなどはいつも同じものばかりだ。事故防止週間では、交通事故に気をつけましょうと書いた紙を壁に張るくらいだ」と言うのです。

最近のもう一つの困りごとは、「高齢者の事故多発」です。高齢者が歩行中に被害者になっている事故が多いのですが、高齢者加害事故も少なくありません。高齢者が事故を起こしたのでは、これまで築いてきたご自身の人生を台無しにすることになります。このような事態を放置することはできません。どうすればよいのでしょうか。

だれでも「交通事故をなくしたい」「交通事故を起こしたくない」と思っています。その願いを込めて「世界の願い交通安全」などのスローガンが掲げられ、事故防止活動が行われています。人々がケガをしたり、亡くなったりすることのないように、各方面の知恵を集めて対策を講じなければなりません。

この本で私は交通事故をなくすためにどうすればよいかを心理学の立場から述べたいと思います。心理学は人間の喜び、悲しみ、楽しみ、怒り、考えること、覚えること、忘れること、などの心の動きやその表現である行動を研究しています。このような心の動きや行動と、運転や事故との関係を調べる研究分野が交通心理学です。心をどのように表現し、どのように行動すれば事故を起こさないで済むのかを考え、実際に実験や調査を行って確かめた結果を分かりやすく皆さんにご紹介したいと思います。

２０１１年３月

長塚康弘

目次

第1部　運転と事故

自動車とは何か、運転とは何か

自動車は「自ら動くクルマ」と書きますが、言うまでもなくひとりでに動くわけではありません。そこを捉えて、「人が動かすクルマ」つまり人動車である、と言った人がいます。そして「大事なのは動かし方である」というのです。自動車は止まっているだけでは何の役にも立たない物体であり、人が動かして初めて生きた機械になるというのです。

自動車の運転とは何でしょうか。それはクルマを安全に、快適に、能率よく移動させることです。その基本は安全です。自動車そして運転ともに人間が関わって初めてその役目を果たすことができるのです。安全に運転するには、運転に向いた人が、運転に適した条件の下で運転することが大切で、それが「困りごと＝事故」をなくす道なのです。

「運転に向いた人」とは周りを正確に見る能力、判断能力、判断に基づいて必要な操作を実行できる人＝「運転適性のある人」＝です。「運転に適した条件」とは健康な状態、正常な運転ができる状態（飲酒・服薬などをしていない）、整備された車、安全な道路など「人を取り巻く環境条件」です。

クルマは前頭葉が動かしている

図1は大脳の前頭部にハンドルを握ったドライバーの絵を描き、前輪と後輪で支える自動車のイラストです。これはErgonomics（アーゴノミクス）という英国の人間工学会のヒューマンエラー研究論文集の表紙絵です。これを見ると自動車の運転は人、特に大脳前頭葉が動かすものであって、手足や運動器官の問題でないことが分かります。前頭葉は人の判断、記憶、注意、感情運動などの高等な心の働きを調節しているところですから、アルコールや疲労、薬などによってこれらの働きが低下すると、運転行動に悪影響が生じます。

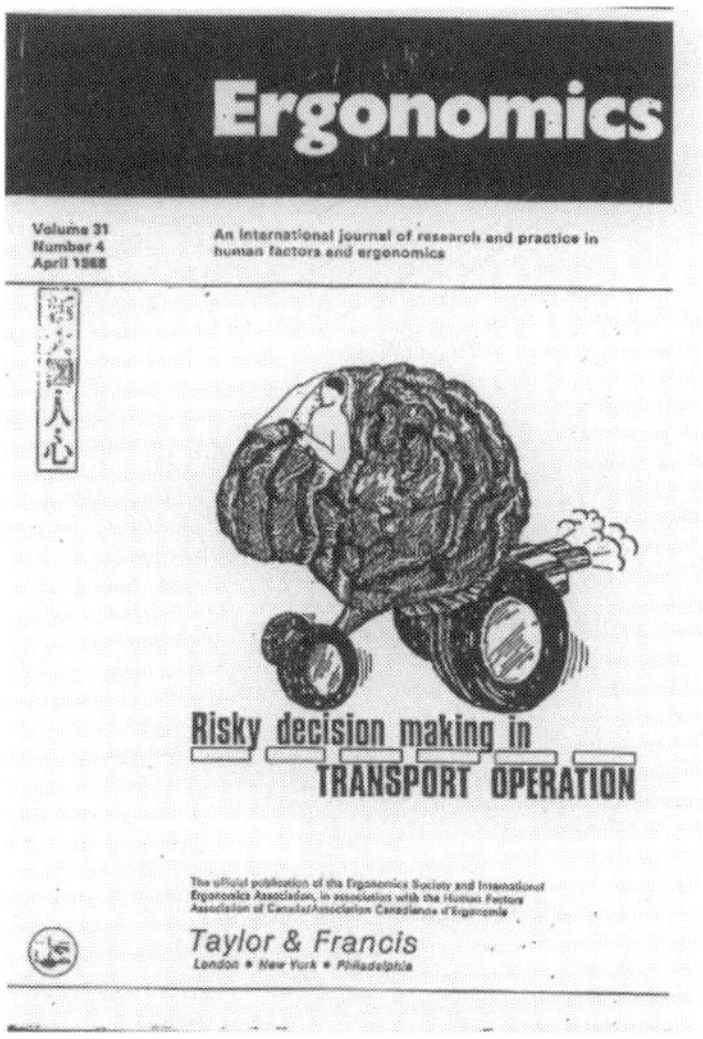

図1　クルマは前頭葉が動かしている

交通事故防止の基本に据えるべきポイント

(1) 安全文化を確かなものに

「これだけクルマが多く、道路状況も悪いのだから多少の事故は仕方がない」という話を聞いたことがあります。自動車の運転はエラーの多い人間がやることですから事故が付きものかもしれませんが、私はこのような発言は不謹慎だと思います。事故はまさに人の命に関わることで、「あってはならないこと」なのです。そのように捉えなければなりません。

最近は「安全、安心な社会づくり」が叫ばれています。そのような町づくりのためにはあらゆる事故の発生防止に努めなければなりません。「安全文化」とは事故がないのが当たり前と考えて生活し、行動することですが、そのような文化をみんなで育まなければなりません。「本気になって」事故をなくす構えを基本に据えなければ事故の撲滅はできません。安全文化も絵に描いた餅になります。

インスブルック大学のクレベルスベルク教授（写真1）は「事故防止対策では、事故そのものを排除することが大切で、小事故を軽視せずその原因となっているヒューマンエ

写真1　インスブルック大学で
クレベルスベルク教授と

ラーを排除しなければ成功しない」と話されました。1989年、私はヨーロッパの交通心理学者との面談と資料収集の機会を与えられて訪欧し、先生にもお会いしました。当時、日本では事故が増加中で、NHKが死亡事故減少を続けていた西ドイツの事故対策を伝え「死亡事故、なぜ日本だけが減らないのか」と題する特集番組を伝えていた時でした。同教授は「確かに西ドイツでは死亡事故は減っているが、事故そのものは減っていないことを見逃してはならない。発生防止こそ肝要」と言われました。その頃、私は今も続けている安全確認に徹する「一時停止・確認」キャンペーンの構想をまとめていましたので、同教授の話を聞いて、自分の考えに大きな誤りはないと考えました。

(2)　予防は治療に勝る

イギリスに「予防に1オンス、治療に1ポンド」ということわざがあるそうです。伝染病予防に関するもので、予防には1オンスの薬で済むがいったん伝染病が流行してしまうと1ポンド（1オンスの16倍）もの薬が必要になるというのです。

「転ばぬ先のつえ」とも言われます。事故がいかに多くの損失をもたらすかについてはこの後に記しますが、小さな自損事故で車を傷めても予想外の経費が掛かるなど、事故の被害は甚大なのです。交通事故は起きてからでは遅いのです。

意外なほど関心が持たれていないのが事故による損失です。人が死ぬ、大けがをする、病院通いを強いられるなど事故による被害は甚大です。ある資料によりますと、交通事故の社会的・経済的損失として①人的損害（死亡、障害、後遺症などに伴う損失）、②物的損害（クルマ、構築物など）、③その他の損害（救出搬送費、事故処理費、訴訟・裁判費用、保険運営費など）が挙げられています。このほかにも家族や友人の被害者見舞い費用、死亡の場合には葬儀費用、葬儀出席に関わる金銭的・時間的損失、従業員死亡に伴う代替労働者の教育・訓練費用などを挙げる資料もあります。交通事故が多大な社会的・経済的悪影響を及ぼすことを示しています。

右に記したようなことのほかに忘れてはならないのが、加害者および被害者の心理的負担です。いわゆる「心理的ストレス」です。被害者が多大の被害を受けることは言うまでもありませんが、加害者にも長期にわたって強い心理的ストレスが加わることになります。精神的打撃を癒やし救うために、心理カウンセラーなどによる専門的対応も求められます。

事故が報じられれば、「また交通事故か」と思う人は多いと思います。しかし事故発生後の関係者（被害者も加害者も）が対処しなければならないことがどれほど多いかを考える人は極めて少ないと思います。私は大学で、ひき逃げされた学生の被害事故の処理に立ち会ったことがあります。遺族、警察はもとより各方面の関係者との連絡、折衝に多くの時間を必要としました。肉親や親戚の心労は計り知れないものだったことを思い起こすのです。交通事故は起きてからでは遅いのです。事故を発生させてはならないのです。

(3)　交通事故原因は多角的に分析し、原因の排除に努める

事故が発生すると、「本人の不注意」とか「ドライバーの人為的ミス」などと述べて本人の責任にしようとする傾向がよく見られます。しかし、事故に至るまでの人の行動を問題にする場合には、そこに実に多くの要因が関わっていることを考えなければなりません。

大阪大学元教授で日本交通心理学会の初代会長を務めた鶴田正一は、人的事故は人と環境との関数関係によって決まることを紹介し、交通行動に影響を及ぼす要因を表1のようにまとめています。事故はこれらの要因のうち主としてどの要因によって発生しているかを順序立てて検討し、よく見極める必要があります。

表1　交通行動に影響を及ぼす要因（鶴田）

- 行動
  - 人的要因（内的条件）
    - 素　　質（知能、知覚－運動機能、性格、態度）
    - 一般心理（錯誤、不注意、失念、無意識的条件反射）
    - 経　　歴（年齢、経験、教育）
    - 意　　欲（地位、待遇、厚生、興味、気分）
    - 心身状態（疲労、疾病、睡眠、休息、アルコール、薬物）
  - 環境的要因（外的条件）
    - 人間関係（職場、家庭、社会、経済、文化）
    - 自　　然（温湿度、気圧、換気、天候）
    - 物理的条件（道路構造、車両構造、交通設備）
    - 空間的条件（交通空間の広さ、配置、高低）
    - 時間的条件（労働時間、時刻、交替制、速度）

事故防止対策を立てる、特に再発防止を図るためには幅広く原因を分析しなければなりませんが、東北大学の北村晴朗元教授は事故・災害をその責任の所在の見地から4種類に分けました。

①　不可抗力による事故・災害

竜巻、地震、津波など天変地異の発生による災害・事故です。このような災害・事故は仮に予測できたとしても対策は極めて困難です。

②　個人では防げない事故・災害

国や自治体では防止できるが、個々の事業所や個人の注意などでは避けることのできない事故・災害で、社会責任事故といえるものです。大気、海洋、河川の汚染、光化学スモッグ、薬害などがその例で、これに対する

予防や防災の責任は政府や関係当局にあるものです。

③　管理者責任事故

事業所、学校などの集団の管理者に責任がある事故です。危険な場所を放置したために児童・生徒がけがや死亡するとか、ビルなどの火災で非常口が不備のために焼死者を出すような場合で、その責任は管理者にあるものです。

④　個人責任事故

本人の注意や共同作業者の配慮で十分に避けることのできた事故です。責任はもっぱら、各個人の作業者や共同作業者に帰せられるものです。この事故で初めて個人的な責任が問われ、ヒューマンエラーが指導や教育の対象になります。

交通心理学

自動車や自転車による人の交通行動に関連して生じる諸問題を心理学の見地から体系的に分析研究し、運転や歩行の安全性、効率性および快適性の向上を図ることを目的とする心理学の一分野です。人の交通行動は道路、鉄道、空路および海路において行われますので、道路などにおける歩行、自転車・自動車の運転、鉄道における電車などの運転、空路における航空機の操縦および海路における船舶の操船などが研究の対象となります。それぞれの行動では操縦・操作のための各種機器を使用しますが、その際ヒューマンエラー（人が犯す間違い）が生じ、事故を発生させることがあります。そのため、その未然防止に努め研究が重要視されています。

車の運転では前方をはじめとする自分の周りの環境を正確に知覚することが重要です。従ってドライバーがなぜ見落としや見間違いをするのかについての研究や、居眠りなどをしないで目覚めた、すっきりした状態で運転するためにはどうすればよいか、飲酒運転はなぜなくならないのか、どうすれば交通事故をなくすことができるかなどについての研究が行われています。

第2部　交通心理学に学ぶ事故防止のポイント

事故を起こしやすい人

事故を起こしやすいドライバー、つまり事故を繰り返すドライバーはいるのでしょうか。研究者の間ではこの問いをめぐる議論が長く戦わされましたが、私は種々のデータにより事故を起こしやすいドライバーはいると考えています。

では事故を起こしやすい人とはどんな性格（タチ）の人なのでしょうか。

１９６０年北村晴朗を代表者とする東北大学の交通事故研究グループは、宮城県北部にあったバス会社「仙北鉄道」から事故防止のための研究委託を受けて約6年間の共同研究を行い、この問いに対する答えを出しました。研究の結果は学会で発表されましたが、研究グループの東北大学名誉教授丸山欣哉（１９９５）は、事故を起こしやすいドライバーの特性を分かりやすく次の四つにまとめています。

(1) **拙速**　早まった行動、動作を行う傾向がある。「動作が先で確認が後回しし、正確さよりも早さに重点が置かれる行動傾向を持つ人」である。このような人は先急ぎ、判断や動作のタイミングが早い、軽はずみなどの傾向を示す。

(2) **見込みの甘さ**　見込みが甘く、見込み違いの多い人、見通しの甘い人、客観的予測のできない人、読み取りが自分勝手な人、危ないと感じない人、しかも危ないと分かっていてそれを敢行する人に共通する傾向である。

(3) **カッとなる**　カッとなりやすい人、始終いらいらしがちな傾向がある、怒鳴りやすいなどの興奮傾向があり、主観的なものの見方をしがちである。

(4) **自分本位（独りよがり）**　他人の立場に立てない、他人の気持ちになれない、協調性や共感性に欠ける傾向である。批判的、ひねくれ、頑固などの傾向を含み、非協調的態度が強く、人間関係に問題が認められる。

事故を起こしやすいドライバーの性格について、最近では、イスラエルのシナール教授が近著で、①危険なことを敢えて行う性格、②刺激の変化を求める性格、③攻撃的性格ほかを挙げています。そのうち危険なことを敢えて行う性格や攻撃的性格は、丸山が前に整理した性格の内容にも通じるもので興味深いと思います。

このような特性は、事故を起こしやすい人の特性なので排除することが望ましいと考えられがちです。しかし、クロイ教授（元ドイツ連邦道路交通研究所＝BASt＝評価部長）などが強調したように、「今後は、ドライバーの問題運転行動が生じないようにするためにそのドライバーを含む運転環境や交通システム（交通を成り立たせている多くの条件）をどう改善すればよいかを考えることが重要」と考えられます。

運転適性とは何か

運転を語る時、必ず話題になるものに運転適性があります。「運転に向いているかどうか」ということです。運転免許を取る時、免許を更新する時に、合格しなければならないのが適性検査です。これから自動車を運転したいという人が、心の面と体の面で運転に向いた条件を満たしていることを証明してもらうための検査です。ここで言う「運転」とは当然「安全運転」です。

安全運転ができる心身の条件には、医学的に見た心と体の健康や視力などの感覚能力や運動能力があり、さらに環境に応じた必要な動作を行う能力、感情や意志が安定しているか、仲良く、協力して人間関係を保つことができるか、しっかりした安全意識を持っているかなどがあります。

運転に向いた条件を満たしている人でも、運転に適した状態になければ運転することはできません。「運転に向いた人」が「運転に適した状態」で初めて安全運転が実行できるからです。病気、疲労、飲酒、薬物服用などをしている人は「適性を失った状態」に陥っていますので運転は避けなければなりません。

ドライバーが適性を保ち続けているかどうかは、もともと運転者自身が自主的に判断し、管理すべきことです。つまり適性の自己管理です。しかし、自己判断はどうしても公平ではなくなりがちなので客観的、科学的な運転適性診断による判定が必要になるのです。運転者、特にプロドライバーは定期的に適性診断を受けて、自分の状態を客観的に知って自分の適性を管理することが望まれます。

適性検査はなぜ必要か

㈶労働科学研究所の元所長で産業心理学者桐原葆見《しげみ》は、自著『精神測定』の冒頭で「検査は宣告の具であってはならない。人間理解の手段として利用すべきものである」と述べています。つまり、検査は大切だが、検査結果をもとに「あなたは事故ドライバーである」などと宣告することは許されない、適性検査はドライバーが「安全運転に向いた状態にあるか否か」を理解する手段だと言うのです。

本来、適性診断は基本的には運行管理者や安全運転管理者がドライバーをよく観察し、「安全に運転できる状態にあるかどうか」を判断できればよいのです。しかし「あばたもえくぼ」などと言われるように、私どもが行う人間評価には「ゆがみ」や「狂い」が生じやすいことが知られており、「危なっかしい」のです。このような欠点は補わなければなりません。アメリカの心理学者ギルフォードは、このような誤りを最小限にするために有効なことは、評価の任にある人を注意深く訓練することであると述べました。評価する人としての資質を身に付けることができるように的確な「訓練」と「指導」を行い、「経験」を積ませることが良いと言ったのです。

確かにそうだと思いますが、訓練も難しいことであるには違いありません。ここで求められるのが「適性検査」です。評価者の観察による評価の欠点を補完するのが適性検査なのです。運転適性は評価者の「観察」や「面接」などで得られるデータを基にしながら、客観性の高い適性検査の成績を資料にして多角的に診断されることが望ましいのです。

「観察」や「面接」などから得られるデータと「適性検査の成績」は、運転適性判断においてて欠くことのできない「車の両輪」です。両方とも必要なのです。適性検査のみに頼ったり、適性検査には全く無関心というような偏った管理は避けなければなりません。

主なドライバー適性検査所と内容

①　自動車事故対策機構（NASVA）

国土交通省所管の独立行政法人自動車事故対策機構が各県ごとに設置されており、主に営業用自動車のドライバーを対象に適性検査が行われています。同機構では一般診断や特別診断、カウンセリング付きの診断など7コースの診断法が用意されています。この適性診断コースでは9種類の検査を用いた総合判定が行われ、ドライバーの性格や認知処理機能など、心理および生理の両面から特性を把握し、運転上の留意点についてきめ細かなアドバイスが行われます。検査は大学などの交通心理学研究者によって研究開発された標準検査であり、特別診断は交通心理学を専門とする大学教授などが担当しています。

②　運転免許センター

各県の運転免許センターおよび同支所で免許更新者、各種処分者や教習受講者などに対して検査が行われています。検査では警察庁と科学警察研究所の交通心理学研究者によって開発されたテストが実施されています。各検査で求められた評定値をもとに、自動車運転作業における事故多発傾向が示されます。免許更新時講習のうち、高齢者講習においては特別の方法が加えられ、実際に自動車を運転させる検査および運転適性検査器材を用いた検査で具体的な指導が行われています。

③ 企業などにおいて実施されている適性検査

個別の企業が独自に適性検査を導入するなどして企業内で実施したり、損害保険会社が自ら開発した検査機器などを用いて適性診断を行っている例があります。

プロが語る無事故の秘訣

私（長塚1988）は長年無事故運転の記録を持つ優良ドライバーをいくつかの会社から推薦してもらい、無事故を続けた努力の跡をたどり、面接してそれを話してもらいました。

その体験談は無事故という実績に裏付けられていますので学ぶものが多く、説得力があるからです。無事故を続ける秘訣が多く見いだされます。

①　速度を抑える

運転では、とかく加速したり、追い越したりしたくなるものです。無事故ドライバーはこのような「はやる気持ち」を抑える構えを持っているように思われます。スピードを控え目にする、車間距離を十分にとるということです。

②　周りの状況を十分に確認する

道路状況、特に冬は、路面の変化を的確にキャッチすることや、信号に頼ることなく十分な確認を心がけることが大切です。ある運転者は田んぼの中でも、クルマが来なくても一時停止・確認に努めたと語りました。同僚に「馬鹿げている」と言われたそうですが、それでも一時停止を実行し続けました。そうしないと止まってよく見るという習慣が身に付かないから、というのです。

③　簡単に立腹しない

運転中には簡単に腹を立てないよう感情の興奮を抑える努力が必要です。事故発生に伴う家族や身近な人々への迷惑などを考え、焦りや怒り、興奮などの衝動を抑制しようと努力することです。

④　自分のペースを守る

自分のペースを崩さない、あおられたりしても他人（他のクルマ）の影響を受けない、冷静で落ち着いた構えの運転に努め、実行したそうです。

⑤　ことごとく事故の回避に努める

事故はもらい事故でもプロの恥で示しがつかない、絶対に起こしてはならないと自分に言い聞かせてハンドルを握ります。

⑥　他人（他の交通）に迷惑を掛けない運転をする

自分が今やろうとしている運転が他人に迷惑を及ぼさないかどうかを常に考え、もし悪影響を及ぼすと思われる場合にはその運転をしない、控えると語りました。

反応が早ければ良いのか

フライングといえば陸上や水泳競技で出発合図より反応動作が先行することで、スタートのやり直しとなりますが、これは安全研究の分野では事故を起こしやすい人の特性として知られています。常識的には、反応（動作）の早い人の方が遅い人よりも機敏で優れているのだから事故は起こさないと考えられがちです。言い換えれば、「事故を起こすのは反応が鈍いからだ」と言われるのです。

しかしアメリカの心理学者ドレイク（1939）はこの考え方には誤りがあることを示しました。知覚や反応の早さや正確さを調べる詳細な実験を行い、「動作反応が知覚反応より早い人には事故を起こしやすい傾向がある」と述べたのです。ドレイクの仮説として知られ、事故防止研究では多くの研究者が参考にしています。

私たちの研究グループでも1960年から約6年にわたって事故防止研究を行いました。私は主に新しい適性検査法である重複作業反応検査の開発研究を行いました。3種類の光を見たら色の違いに応じて素早く反応するまでの時間を測って、その人に事故を起こしやすい傾向性があるかどうかを判定する検査ですが、その研究でドレイクの仮説を参考にしました。研究の結果、事故多発運転者群の反応時間が無事故・優良群にくらべて早いこと、色の違いを見分けて反応する検査ではエラーの多いことが分かりました。「事故ドライバーは反応動作は早いが、間違いが多い」という傾向が見られたのです。

運転中の速度感

走り慣れた道路を運転する時、私たちは見慣れた家並みや交通量などから主観的な速度感（メンタルスピードメーター）に頼って調節していると思われます。

　フィンランドの交通心理学者ヘッキネンの研究によりますと、①速度計を見ずに走行中の自分の車の速度を判断させた場合、実際のスピードは速度計のスピードより出ている傾向がある、②この過小評価傾向は30キロ程度の低速の場合は少ない（実際の速度に近い評価がなされる）が、速度が１００キロ、１２０キロと増加するにつれて、実際のスピードとの差が大きくなる、③エンジンや道路などからの騒音が大きいクルマより、音の静かなクルマに乗っている場合の方が実際のスピードは過小評価される、④周りに木立やビルなどがない、見通しのよい道路を走るときの方が速度を遅く感じる―とされています。これらの結果はドライバーが速度を判断する場合、目や耳からの情報（視覚的、聴覚的情報）の影響を受けていることを示しています。

　デントンは実験で、速度計を見ずに走行中の速度の「2分の1への減速」と「2倍の速度への加速」を指示しました。その結果、減速の場合は半分まで落とさず、加速の場合は2倍以下の速度を2倍であるとしました。この結果は高速道路を降りる時に十分に減速しないままインターを出ようとしたり、逆に高速道路に入る時に十分に加速しないで合流する危険性があることを示しています（ヘッキネン及びデントンの研究は、引用文献中の日本交通心理学会編１９９３『人と車の心理学Q＆A１００』による）。

スピードの怖さ

スピードは危険なイメージで捉えられていますが、クルマの命であることは間違いありません。快適、高能率、安全とともにクルマが目指す要件ですが、扱い方が大変です。扱い方が悪いとスピードは安全を妨げます。最悪の場合は人命を奪います。スピードの怖さはここにあります。加害者は重罪犯であり、重罰を受けなければなりません。禁固刑などの重罰を背負い、刑に服さなければなりません。服役者の多くは失職し、家族を失い、家庭崩壊と人生破滅を招きます。

スピードオーバー運転の恐ろしさは視力の低下と視野の狭窄（狭まること）を招くことです。クルマが動き始めると視力（ドライバーが動いた状態での視力なので「動態視力」と呼びます）は低下し始めます。鶴田正一（１９６８）は静止状態での平均視力が１・25のパイロットの視力が時速約30キロでは平均０・54に低下すること、ひどいケースでは静止視力が２・０のパイロットの視力が０・54に落ちたことを報告しています。そしてさまざまな実験の結果から動態視力は静止視力に比べて約30％から40％低下することが知られると述べています。

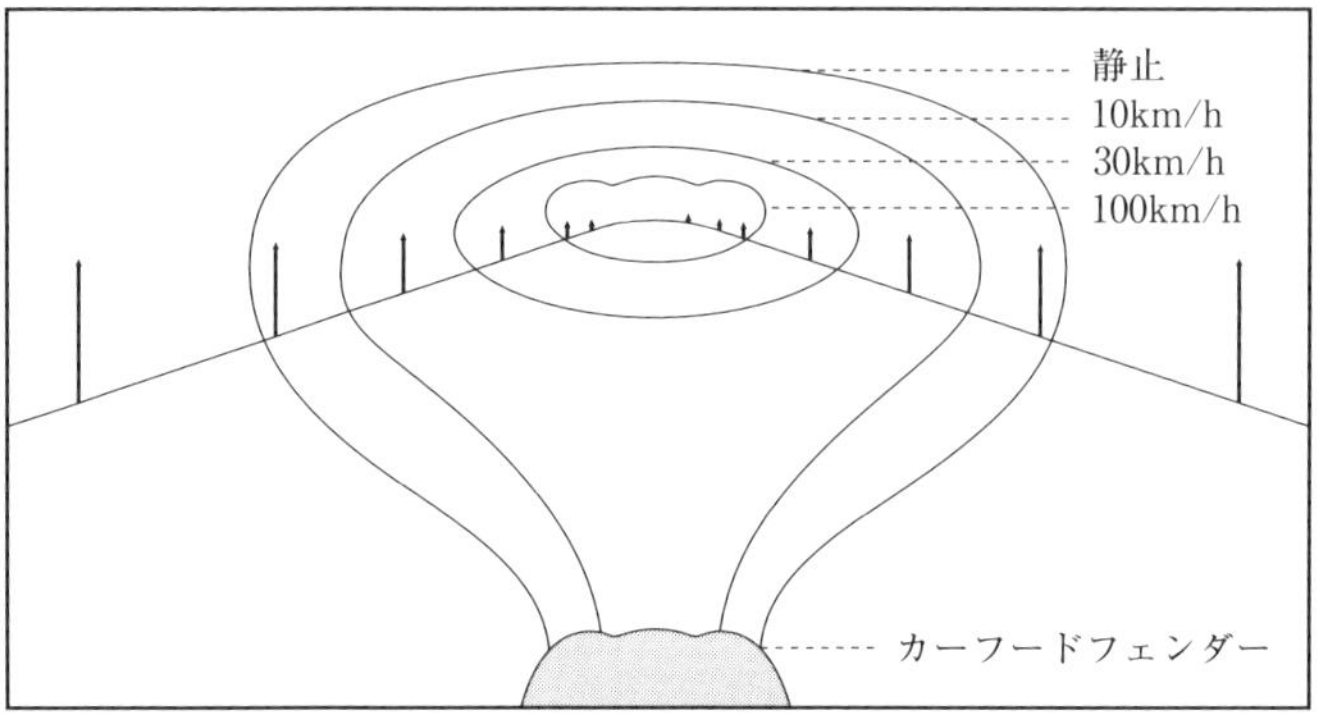

図2　速度上昇に伴う動態視野の狭さ
（運転時の視力0.1以上の視野範囲、鈴村）

動態では視野も狭くなります。加速するにつれて、周りのものが見える範囲、つまり動態視野が図2に示すように次第に狭くなります。時速100キロ程度の速度で走ると近くのものは見れども見えずの状態になり、遠方は一部のものしか意識されなくなります。周りが暗く、小さい円形の出口が見えている状態になるので「トンネル視」現象と呼ばれています。

スピードを上げれば、それだけ遠くのものをしっかりと見なければならないのに実際には逆で、視力が落ち、視野も狭まるのですから周りを正確に見ないで走ることになります。恐るべき状態になることを十分に知って、スピードはほどほどにして、前方と周りを正確に見るように努めなければなりません。

飲んだら乗るな

今なお飲酒運転の報道が続いていますが、懲りない人々がまだいるようです。そのようなドライバーは次のような恐ろしさを知っているのでしょうか。

飲酒運転が恐ろしいのは「警察に捕まるから」ではありません。「酒を飲んだ瞬間に適性を失い、ぞんざいな運転、いい加減な運転をする危険性が高まるから」なのです。

「飲んだら乗るな」とは飲酒運転防止のスローガンですが、飲酒時に私どもの行動は反応や動作の乱れなど運転にとって危険な方向に変化します。飲酒時の心理的な変化について実験したことがあります（長塚ら1962欧文）。その結果は、反応時間は遅れ気味、エラーが増え動作は不揃いになる、さらに反応動作が乱雑になるというものでした。ほかの研究でも、感覚の麻痺（鈍麻化）、注意力の低下、連想力・記憶力の衰え（減退）、落ち着きがなくなり騒がしくなる、他者への配慮がなくなるなどの傾向が示されています。丸山ら（1974、1982）東北大学の研究グループはさらに飲酒時の運転の振る舞いを目の動きも含めて詳しくビデオ撮りし、分析しました。そして結果を次のようにまとめています。

① 実験中に標識内容が変わったことを見落としたりする。平常では気付いた標識も酒酔い状態では見落とされる。

②　速度感が狂い、加速しがちになる。
③　すでに行ったギア操作を繰り返そうとするなど、不要な操作が多くなる。
④　サイドブレーキを外さずに発進しようとしたり、対向車線へのはみ出し、右側通行、出発時の安全確認不足、右左折時の安全確認不足などが生じ、確認をしないままでの動作が先行する傾向が強まった。
⑤　脱輪、接輪などの初歩的なミスが表れた。
⑥　自分の運転にミスや速度のムラなど生じているのに気付かない。「飲酒時の方がうまく運転できた」などという全く自覚を欠いた感想が述べられた。

　このような実証的資料により、飲酒が運転にとって大きなマイナスであることが分かります。飲酒によって事故を招く危険性が高くなるのです。

　言うまでもなくこれは「恐ろしいこと」です。このことを恐ろしいと思う教育が必要になります。ドライバーには飲酒運転がいかに恐ろしいものかを気づか

図3　目隠し革を着けた状態（想像図）

せる教育をしなければなりません。

図3を見てください。飲酒運転中は視野が狭くなるのです。目隠し革を着けられた競走馬のように自分の周りがよく見えなくなるので危険です（ドイツの飲酒運転ドライバー再教育会場用教材プリントより）。

酒を飲んだ場合、事故を起こさなくても違反だけで懲役や高額の罰金が科せられます。人身事故を起こせばさらに厳しい致死傷罪に問われ、懲役・禁錮、高額な罰金が科されることを知らなければなりません。罰を受ければ通常の生活はできなくなります。家庭では離婚、社会的には失業などに追い込まれ、刑務所が待っています。

危険感受性を磨こう

皆さんは「危険な運転」とはどんな運転だと思いますか。講習会などで出席者に向かって「危険な運転とはどんな運転でしょうか」と声をかけると、「スピード」という声が多く返ってきます。人が死んだり、クルマが大破するような結果を招く運転、つまりスピードの出し過ぎが危険な運転と考えている人が多いのではないかと思われます。

多くの人々は危険な運転としてこのように「スピードの出し過ぎ」を挙げるのですが、

私は「危険な運転」とは「事故を多発させる違反による運転」と考えています。それは、統計を見ればすぐ分かるように、全国的にも各自治体を見ても「安全不確認」を原因とする運転です。事故発生件数に占める発生率でおよそ30％となっているからです。

これが最も危険な運転と考えられますが、これに続くのが脇見運転、動静不注視（他車の動きを見ない運転）、漫然運転です。すべて「周りをよく見ない運転」ですが、私はこの四つをまとめて「知覚不全」と呼んでいます。知覚不全事故は発生件数全体の約68％に達するほど高率です。

周りをよく見ないで運転することが危険な運転であることを、ドライバーによく理解してもらわなければなりません。しかし問題もあります。周りをよく確かめて運転しましょうと強調しても、「私はちゃんと見ています」という答えが返ってくるからです。「正しく見る」にはどうすればよいのでしょうか。この問いに対する答えについてはこのあと（38ページ）に述べることにします。

危険感受性は危ないことを危ないと感じ取る能力を意味しますが、何を危険と感じるかは人によって異なります。しかし「事故を多発させている違反」が知覚不全である事実をしっかりと受け止め、正確に見る努力を続けることが危険感受性を高めるために役立つのです。

知覚不全をなくすには

自動車事故対策機構（NASVA＝25ページ）で私は受診ドライバーにコースを運転してもらいます（図４）。驚くのは一時停止線で停止しないドライバーが多いことです。受診ドライバーの運転を評価するために、私は助手席でドライバーの運転を黙って観察しています。一時停止交差点に近づくたびに、私は両足を踏ん張って「止まってくれ」と叫びたくなります。接近中の車があれば皆さん止まりますが、車が来ていなければそのまま通過するからです。

図4　同乗による運転ぶりの観察
（「自動車管理」2010年9月号）

　後でハンドルを握って停止線でアドバイスをする時、私はまず「あなたはここでどうだったでしょうか（一時停止しましたか）」と尋ねます。ほとんどすべてのドライバーは「ちゃんと止まりました」と答えます。停止しないのに止まったと思っているのです。ブレーキは踏んでいましたが、クルマは動いていましたね、と言って実演しますと、ちゃんと止まったはずだ、と答えます。

もう一つ「止まらなくても怖くないのですか」と聞きます。「別に」という答えが返ってきます。一時停止しなくても怖いとは思わないのです。そして「停止線で止まっても見えないから見える所まで出て止まる」と言うのです。しかし、実際に観察していると、停止線で止まらずに交差点に入るドライバーは、クルマが見えなければそのまま通過しています。結局一時停止・確認はしないのです。これでは一時不停止事故はなくなりません。

前項（36ページ）で、「正しく見る」にはどうすればよいのかと質問し、答えを先送りしました。ここで答えを出しましょう。「一時停止・確認」つまり「止まって見る」というのが正答です。

このあと（45ページ）で瞬間視、周辺視、暗所視の危険性に触れますが、これらの危険性を避け、安全確認を確実にする方法が「一時停止・確認」なのです。大切な行動です。止まらずに通過するクルマの事故が多いという実態を理解し、止まらないことを危険と感じるように交通教育をしなければなりません。

交通事故と性格

適性診断の実務では、私（長塚２００３）はいくつかの種類の心理検査を使用し、その結果に基づいてアドバイスを続けています。

数年前から、事故ドライバーとして受診するドライバーの性格検査（Y-G検査）の結果に問題傾向、すなわち自分の危険な運転を反省して考え直したりしない傾向（思考的外向傾向）が強いのではないか」と感じるようになりました。この検査で診断される12の性格特徴のうち「思考的外向」の得点が極端に高いドライバーがいることに気付き、その傾向が特に事故ドライバーに多いように思われたのです。この傾向を示しているドライバーは、この検査の作成者の解説に従えば「状況や自分の運転の危険性の有無をよく考えない、独り善がりの運転行動を行う危険性が高まる」と解釈されますので、本人にもこの傾向が強いことを理解させ、管理指導面では指導者の指示に従うことの重要性を意識させる必要があるのではないかと考えました。

しかし、無事故・優良群に関するデータが得られませんでしたので比較検討することはできませんでしたが、その後日本交通心理学会で30人の受講者の協力によって一般群の資料のデータを得ましたので、これと最近のセンターにおける受診事故多発者の資料を比較しました。

そして、「事故多発傾向者は思考的外向傾向が強いのではないか」という考え方に無理はないと結論しました。ただし私は、「性格に問題はない」としないで、「性格的な面で全体として大きな偏りは見られないが、一つだけ留意すべき点がある。それは〝思考的外向〟という傾向が強いように思われる点である。これは事故を起こした運転者に見られる傾向なので、運行管理者による指導、運転者自身による自覚を要する。これは改善できる」と説明し、後日受診者に正式に発送する診断票にも記しています。

「運転にはその人の生活が表れる」

この言葉はカナダの精神医学者ティルマンとホブス（１９４９）が述べたものです。事故を起こしやすい人には、精神医学的、社会的な面で問題があることを述べた論文のごく一部です。この部分だけがよく引用されるのですが、大事なのはこれに続く次の文です。「注意深く、忍耐心があり、思慮深く、他人への配慮に満ちた生活をする人は運転でも同じような仕方で運転をするだろう。しかしこのような望ましい特徴を持っていない人は、安定感のない攻撃的な運転をし、長期間にわたって事故を起こすだろう」と述べているのです。

ティルマンらは96人の事故反復タクシードライバー群と１００人の無事故ドライバー群を比較しました。その結果、事故群は無事故群に比べて犯罪歴があって裁判所や保健所、福祉事務所、信用調査所などの世話になることが多かったのです。ティルマンはドライバーとの3カ月の共同生活の経験をもとにして優良ドライバーの特徴を概略次のように描きました。

「家庭的に安定している。両親の離婚率が低い。争いを好まない。全体的に内気で物静かであり、遠慮がちな性格である。学校で無断欠席をしたことがない。職務は長期間にわたって安定し、職場では穏やかで、振る舞いは控えめである。庭いじり、スポーツ、教会活動などに幅広い関心を示す。飲酒はほどほどで規律をよく守る。他人の福祉に関心を持つ。時には融和した人間関係をつくりにくく、運転中には会話しないこともある。他の運転者や通行人に対して礼儀正しい。いつも車はきれいで、車の形は控えめである」と。

ティルマンらの結論は生活態度が運転にも影響を及ぼす可能性のあることを示すものとして注目されましたが、この結論の正しさを最近示したのが英国のブラウトン（2007）です。同氏は1999年から2005年の間に5万2000人以上の英国人ドライバーを対象にして、スピードオーバー、無免許運転、飲酒運転、薬物服用運転、信号無視、免停止中の運転、無謀運転、暴走などの交通違反を犯したグループと窃盗、暴力行為、薬物違反、押し込み強盗、詐欺、文書偽造、強姦などの一般的法律違反群の関係を調べました。

その結果、4回から8回の犯罪歴のある群では交通違反歴のない群に比べて、21倍もの重大交通違反を犯し、4倍の軽い交通違反を犯していることが分かりました。ブラウトンは法律違反と交通違反との間には密接な関係があることを見いだし、50年前に示されたティルマンらの研究を裏付けました。

見たはずの車に衝突

「エル ビー エフ ティ エス」（ＬＢＦＴＳ）という用語を聞いたことのある人は少ないと思いますが、これは、英語の〝Looked But Failed To See〟の頭文字（傍線部）をつづったものです。これは「確かめたつもりだったが（実は）見落としていた」という意味です。

英国運輸省の研究報告要覧では「イギリスの交通事故ではＬＢＦＴＳ事故が多くなっており、1位の注意の欠如、2位のスピードオーバーに次いで第3位の重要事故要因にランクされるのが〝よく注視したはずなのに、実際には見落としていて衝突した〟という事故であり、交差点事故原因の21％を占めます。ＬＢＦＴＳ事故は〝停止して優先車に道を譲れ〟という〝Give Way〟標識（日本の「止まれ」と同じ形）がある交差点などで、運転者が止まらず、道を譲らない」ために発生していたり、自宅出入り口や小型交差点で頻発しています。また高齢者、女性で多く見られ、不注意、判断の誤り、軽率や不思慮、無謀運転などの要因の関与が考えられると報告されています。

私がこの話を聞いたのは、英国運輸省を訪ねて交通心理学専攻のリードに、日本での事故原因の多くが知覚不全であること、その対策として私が創案した「一時停止・確認キャンペーン」が効果をあげていることを説明した時でした。「英国でも似た事故が多い。あなたの方法は興味深い」と言ってＬＢＦＴＳを紹介されたのでした。その後文献を調べてみるとＬＢＦＴＳはすでに１９７０年代から注目されていることが分かりました。

面談したリードは、ＬＢＦＴＳと筆者が問題にしている「知覚不全」との共通性を指摘し、「ＬＢＦＴＳ対策に一時停止が有効かもしれない」と述べました。外国の交通事故が日本のそれと類似の原因によって発生することがあるとすれば、人間行動の共通性の視点から興味深く思われます。

注意とは何か

私どもはよく、「注意が足りない」とか「もっと注意して」などと言いますが、注意とは何でしょうか。

私どもは目を身の周りのさまざまなものに向けていますが、目に入ったもの全部を意識にとどめているわけではありません。つまり、目の前にあるものでも見た覚えがなかったり、見落としていたりすることは少なくありません。運転中であれば、運転に必要な信号や標識、周りのクルマや歩行者などを見て安全にクルマを進めています。信号の色やその変わり方などはよく見ていますが、信号機の後ろの風景や歩行者の人数や服装などは見ていません。

このように人は生活や行動にとって必要なものや事柄をその時々に「選び出して」それにうまく反応しているのです。このような「選び出し」の働きを「注意」といいます。しかし、選び出すものがその時に必要ではないものであったり、多すぎたりすることがあります。このような不要なものに目を向けたり、選び出したりしている状態は「不注意」と呼ばれます。

注意力は生活の中で必要なことに目や耳を向けて周りの物事やその状態を知る能力ですが、経験や欲求などによって人により違いがあることも知られています。安全運転の妨げになるものに対する注意力を高めることは交通事故防止にとっても大切なことです。

心理学の研究によりますと、人は「大切だと思うこと」「価値があると思うこと」「重要性を理解していること」などに対してはよく注意を向けることが知られています。同じ新聞を見ても記憶に残る記事が人によって違うのはこのことを示しています。その意味では信号、標識などについて、それが自分の安全にとって「大切」で「価値のある」「重要なもの」であることを、その理由を含めてよく理解しなければなりません。人々がこのような事柄を学習するための交通教育の機会がもっと用意されなければならないのです。

瞬間視、周辺視、暗所視は危険

瞬間視　私たちが「ひと目で捉える」ことができるものの数には限界があるといわれています。例えば高速で走る電車の窓から通過駅の名前を読み取ろうとしても失敗します。電光掲示板の文章なども動きが速い時には読み切ることができません。プラットホームにいる人数も5、6人程度ならば一瞬で数えることができますが、8、9人だと不確かになり、10人以上になると正確に数えることが難しくなります。アメリカの心理学者ミラーは1956年に「不思議な数、7プラス・マイナス2」という論文を発表し、私たちが一瞬に捉えることのできる分量は大体七つ前後であると言いました。見たつもりでも見ていないことが起きるのです。

周辺視　まっすぐ前方にあるもの、例えば壁掛けの時計などを注目する時、その時計の映像は目の中心に映ります。このような条件で見ることを「中心視」といい、はっきりと

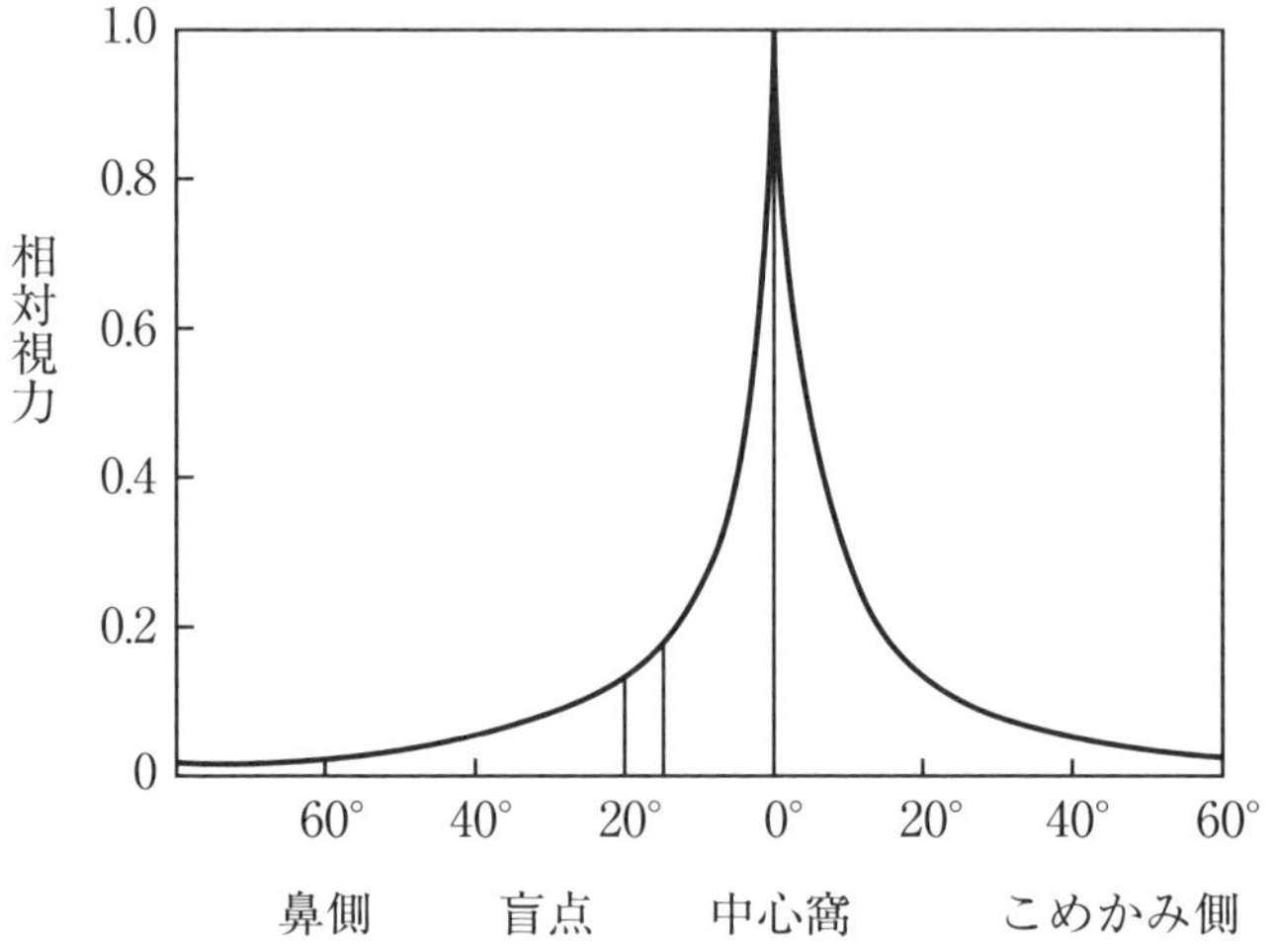

図5　網膜上の部位による視力の差（生理学書をもとに作図）

したきれいな映像が見られます。その時、時計の右や左にあるものは目の中心部より少しずつ離れたところ（周辺部）に映っているので、「周辺視」といいますが、周辺視では視力や形・色・明るさの区別が著しく劣ってきます。図5に示されるようにものを網膜上のどの位置に映して見るかによって視力に大きな違いが生じるからです。中心部の視力を1・0としますと、中心から鼻側やこめかみ側に60度離れたところにあるものは視力がゼロに近くなりますのでほとんど見えなくなります。教習所で教わる「目視による安全確認」の重要性はこの点にあるのです。

　瞬間視、周辺視のいずれもものを正確に見ることはできないことが分かります。その意味で、「時間をかけて」、「まっすぐ前方で」、「明るい所」でものを見るように努めることが大切なのです。

暗所視（夜間運転の危険）　「高齢者は視力など生理機能が衰えるから運転、特に夜間運転には気をつけて」という警告が耳目に入ります。その通りだと思いますので、私自身も夜の運転はできるだけ控えるように留意しています。

高齢者だけでなく、すべてのドライバーにとって暗がりでの運転が危険であることは、運転に必要な情報、特に視覚的情報の量と質が昼間に比較して劣ることを考えれば明らかです。また、夜間運転中の雨や雪、凍結などの天候条件や対向車のライトなど昼間の運転以上にリスクの増すものが多くあります。

安全のためには夜間運転、特に高齢者の暗中の運転は回避することが望ましいのですが、運転を余儀なくされる場合には、道路照明の整った道路を選んで運転する、そのために迂回路を走らざるを得ない場合は前もって時間的余裕をつくることなどが大切です。

高齢者の運転事故

「高齢者の交通事故が多発」といわれています。高齢者の交通事故とは、高齢者が歩行中などに被害者となる場合と、ドライバーとして加害者となる場合を含んでいます。まず高齢者が加害者にならない対策を考えましょう。高齢者加害事故を見ると最も多いのが安全不確認を主とする「脇見」です。見るべきものをきちんと見ない「知覚不全事故」なのです。事故の発生、死亡事故のどちらでも多発しています。これに続いているのが「一時不停止」違反です。

高齢者が加害者にならないための対策は「見るべきものをきちんと見ること、そのために交差点などで一時停止する、その上で周りを確かめてからクルマを進めるようにする」ということです。高齢者になると視力や聴力をはじめ体が衰えますので、事故発生のリスクも高まります。個人差があるとはいえ、高齢ドライバーはそのことをしっかりと自覚して運転にあたらなければなりません。もし、運転に対して不安を感じるようになったら、免許の自主返納も検討してください。自主返納は自分の安全を自分で守ることであると同時に、加害者にならない有効な方法でもあります。

高齢ドライバーの加害事故に関連して、イギリス・バーミンガム大学教授のホランドは筆者との面談で「処方薬の中には高齢者の運転事故の危険性を高めるものがある。事故を起こした高齢運転者は中枢神経系に影響を及ぼす薬を服用していた」と述べています。

高齢者に処方されるクスリが運転に影響を及ぼすかどうかについては日本ではこれまで

言及されることがほとんどありませんでした。しかし、ホランドが述べたように「日本も高齢化社会なのだから英国と事情は同じはず」であり、「放置できない事態」ではないかと考えられます。薬効や事故との関連についての分析はともかく、この分野の研究資料の収集に着手する必要があるように思われます。

次は高齢者被害事故の防止策です。道路横断事故を防ぐには、高齢者に行動を変えてもらわなければなりません。人通りの多いところでは、多くの人々といっしょになって信号を守って横断するのですが、郊外の道路などでは、信号機の間隔が離れていることもあって信号無視状態で横断します。これを防がなければなりません。そのためには「道端で一旦止まり、クルマを見て手を挙げる」というこれまでも推奨された方法を徹底することがよいのではないかと思います。高齢者の集会などで実際に「黄色い旗を振る動作」を繰返して練習し、このようなことを学んでもらう呼びかけの教育も欠かせないと思います。

しかし、横断する高齢者に問題があるとはいえ、何よりも大切なことは、早め早めに歩行者を発見してその安全な横断を助けることを十分に意識した運転が大事であると思われます。「歩行者が急に飛び出してきた」と言うのは、実は自分がよく見ていなかったことの証拠であることを知らなければなりません。

電話中に見ているのはどこ

運転中に携帯電話を使用しているドライバーをたいへん多く見かけます。言うまでもなく運転中の電話使用は危険です。特に危ないのは電話（メール）をかける時です。かけるためにいくつかのキー操作を行うからです。

電話（メール）がかかってきた時はどうでしょうか。ここでも応答のための操作が必要となります。発信・受信とも、それぞれの操作に注意が向けられるため、当然ながら安全運転への大きな妨げになります。運転中の電話使用の問題点は、あらゆる動作が運転に欠くことのできない前後左右の情報の確認を邪魔することにあります。

操作に注意力を取られるだけではありません。さらに問題になるのは電話中の人が見ているのはクルマの前方や内外ではなく、電話の向こうにいる「話し中の相手」だということなのです。そのために信号や前後左右の情報、速度など安全運転を行うために必要な確認が実はおろそかになり、「不注意」状態になっているのです。話やメールのやりとりに夢中になればなるほど、また、込み入った内容であればあるほど注意がおろそかになるのです。運転中は携帯電話をドライブモードにすること、クルマをきちんと止めてから使用することが重要です。

疲れは運転にどう表れるか

運転による疲労はどのように生じるのか、それは運転にどんな影響を及ぼすのか、事故との関係はどうなのかなどを考えましょう。疲れた時の人の心の働きの変化を、労働心理学研究者の狩野広之（1977）は次のようにまとめています。

①**「注意の範囲が狭くなる」**　いつもはよく見えるものでも疲労すると見落としたり、見間違ったりする。注意の範囲が狭くなるので色彩や音響のうち、音を聞き逃したりする。

②**「記憶力が低下する」**　疲れてくるとものごとを忘れやすくなる。

③**「億劫になる」**　仕事に気が進まなくなったり、かなりの努力をしないとやれなくなる。事前にすべき十分な準備または段取りを省略したりする。決められた手順を無視する。点検や確認を省略するなど「手を抜く」ことがある。

④**「作業の質が低下する」**　丁寧に作業をしようという気構えが薄れ、仕事が粗っぽくなる。正確さはあまり考えない雑なやり方で満足してしまう。

⑤**「感情的になる」**　次第に怒りっぽくなったり、抑うつ的になったりする。

疲れると私どもは、自然に手を休めたり、体を横にしたり、仕事を中断したりすることを望むようになります。狩野はこのような状態のもとでは結果的に不注意による事故やミスの発生を招くことになると述べています。

運転作業は狭い運転席に閉じ込められた状態に置かれますので、通常でも心身の負担が大きいのですが、交通渋滞や降雨・降雪時、夜間などの環境条件が悪化する場合にはさらに心身負担が重くなり、筋肉痛など身体的疲労が増してきます。

運転に必要な前後の状況や信号・標識の確認は感覚や神経を使う精神作業です。高速道路の運転などではじーっと前方を見続けながら操作を続けますので「単調作業」になり、単調感が生じます。疲れると目や耳で周りの物事をよく確かめる感覚の働きが鈍くなり、その結果、手足の動きが乱れてきます。俗に「反応が鈍くなる」とか「間違いが多くなる」といった状態が多くなるのです。

疲労状態は、右に述べたような運転に必要な作業にさまざまな悪影響を及ぼすことが考えられますので、ドライバーはできるだけ心身に疲労をためないように工夫しなければなりません。また疲れたら、休憩を取るなどして疲労回復に努めなければなりません。

長時間運転は催眠術師

よく「高速を走ると眠くなる。休まないとダメですね」という人がいます。そうなのです。しかし、眠くなるというのは誤解で、実は「催眠にかかった状態」なのです。アメリカの交通心理学者ローアは１９６０年に高速道路などで発生するボンヤリ状態・眠気を「ハイウエイ・ヒプノーシス（道路催眠）」と呼びました。

私どもは、通常、走り慣れた街中などの道路を通行する時は眠気を感ずることなく、目覚めた状態でハンドルを握っています。しかし、ほとんど信号のない、交通量も少ない単調な道路や高速道路を走る時は眠気を感じることが多くなります。なぜこのような状態が生じるのでしょうか。

私どもが眠る時のことを考えてみます。目、耳あるいは皮膚を通じて入り込んでくる感覚刺激をできるだけ少なくします。部屋の明かりを消す、テレビやラジオを切る、柔らかいフトンに寝るというように刺激の少ない、静かな環境をつくろうとします。騒音、寒冷、痛みがある時などには眠れません。

このようなことから考えますと、目覚めたり、眠くなったりするのは、体の内外から入り込む感覚刺激の量によって左右されているように思われます。感覚刺激が多いと目覚めますし、少ないと眠気が生じます。

街中の道路には変化に飛んださまざまな形や色の刺激があるのに対して高速道路運転には眠気を発生させる条件が多いのです。信号はない、横から飛び出すものもない、対向車への配慮、緊張を要しない。刺激が少ないだけではなく、視野内では車線の白色の破線、ガードレール、一定間隔で設置されている街路灯や植栽樹木が規則的に目に入り込む。軽いエンジン音とともに、単調な刺激環境をつくり出す。夜間や降雨中、霧中などでの運転では長時間続く周囲の暗い視環境とエンジン音以外には刺激がほとんどなくなる、など刺激の減弱化（刺激の数が減り、弱くなる）と単調化が特徴なのです。

前の晩に用心してよく寝たはずの人にもこの催眠状態は襲ってきます。ボンヤリした刺激が「長い時間」「連続して」目や耳に入ることが原因なのですから、それを断ち切らなければなりません。眠気を避けるには早めに、「小刻みに」クルマを止めて「連続を切ること」が大切です。その際大切なことは、クルマの外に出ることです。運転席にいることは、運転状態を続けることと同じですから。背筋などを伸ばせば身体にも変化を与えることにもなります。

一時停止・確認の事故抑止効果

「安全第一」、「交通安全」、「スピード出すな」そして「飲んだら乗るな」など、私どもは数多くの事故防止スローガンを目にします。どれも大切で有効だと思います。しかし私は「一時停止・確認」を強調しています。そのわけを記しましょう。

私は1960年頃から事故防止対策としての運転適性研究に取り組んできました。研究の中で気付いたのは、周りをよく見ないで運転する「安全不確認」など知覚不全による事故が全事故件数の約68％を占めている、ということであり、さらに自動車事故対策機構を訪れるプロドライバーの多くの受診理由がこの知覚不全事故の多発であるということでした。

運行管理者は「つまらない事故が多い」と言って知覚不全事故の多発を嘆くのですが、この「知覚不全」の排除こそ事故防止の最大の問題だったのです。適性検査による個人ドライバーの指導教育も重要ですが、会社・事業所の全員が多発している知覚不全の排除に取り組む必要があると考えました。

実態を重視し、「周りをよく見る」にはどうするか。知覚心理学の原理に思い当たりました。その方法は「ものをまっすぐ前方で時間をかけて見る」でした。教習所で学んだ

図6　一時停止・確認キャンペーン用のステッカー
上はキャンペーン開始の初期に使用したもの
下は現在、新潟市近辺で使用しているもの（12cm×26cm）で、後部ウィンドウ右側に外側から貼付する。薄緑色の背景に白色と黄色文字が記されている。

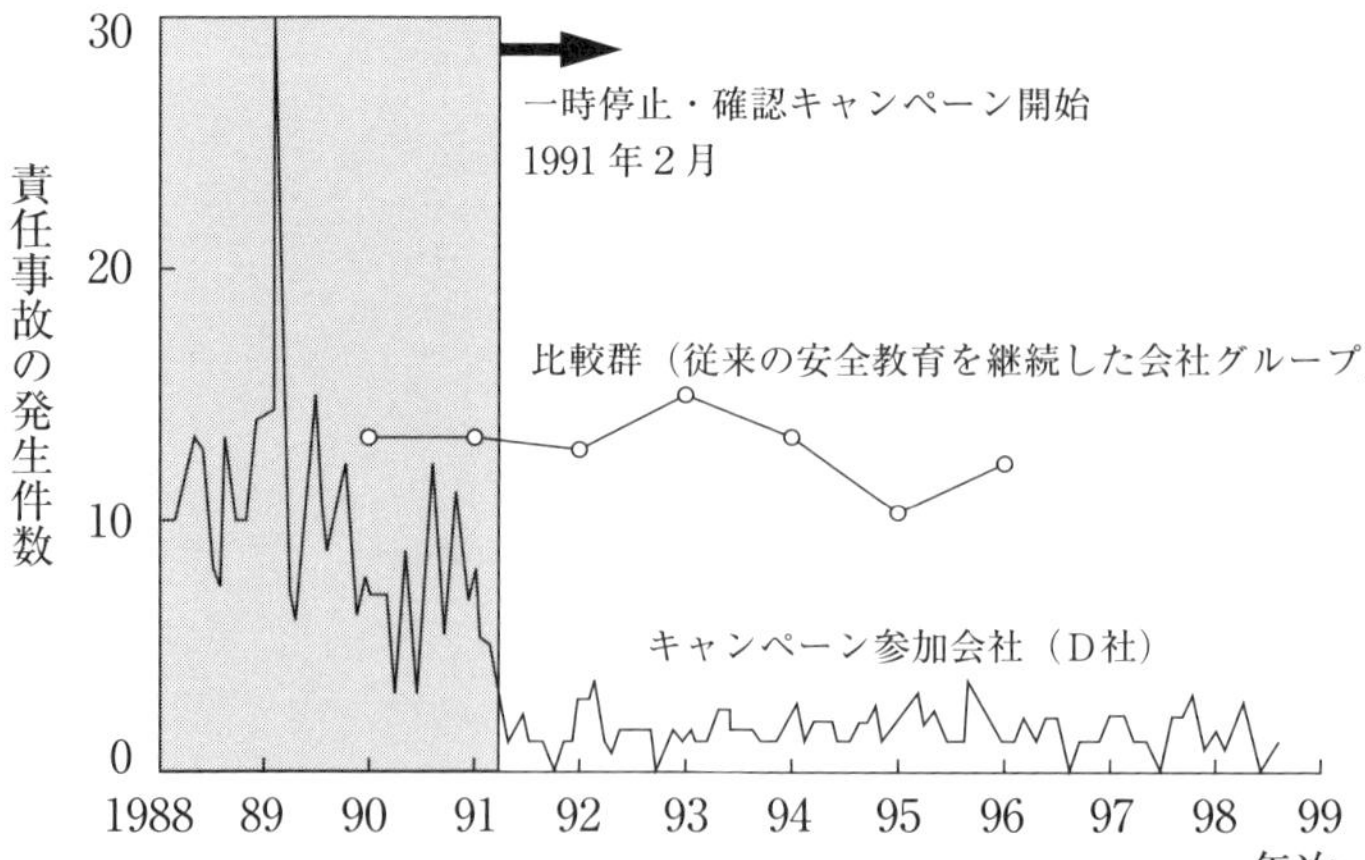

図7　D社における責任事故発生件数の年次経過
キャンペーン開始前（網かけ部分）に比べ、
91年以降は責任事故発生件数が大幅に減少している。

「目視」も役に立ちました。そこから出てきたのが「一時停止・確認」でした。安全確認のための具体的な方法が「一時停止」であると考え、二つのタクシー会社の理解と協力を得て20人前後のドライバーによる小集団研修を行い、図6に示すようなステッカーを車体後部に貼付して会社を挙げて「一時停止・確認」キャンペーンの徹底に努めてもらいました。

成果が示されました（長塚1993、1998）。一時停止・確認に努めたこの2社で事故が減少したのです。キャンペーンの効果を示したものが図7です。学会で研究の経過と結果を発表したところ、各方面から反響があり、キャンペーンへの参加を希望する企業や自治体が増えました。例えば青森市、山形県トラック協会、新潟市、新潟県トラック協会、第一タクシー、新潟交通、サンエーサービス（新潟市）、田上自動車学校（新潟県）、アルピコタクシー（長野県）、大栄交通（東京都・神奈川県）、三井住友海上、相模中央交通（神奈川県）、旭交通（鹿児島県・熊本県）などが筆者との連携のもとに運動を行っています。このキャンペーンは、新潟市民の事故防止活動グループ「交通新時代・新潟」が1989年から年間活動テーマとして取り組んでいます。その有効性は日本交通心理学会でも認められ、キャンペーンは学会としても推進中です。

心理的環境

ふつう「環境が良い」とか「悪い」といえば、交通の便の良しあしや騒音のない静かな地域、山野の風景、気候温暖あるいは犯罪や事故のない社会や文化遺産の有無などを意味します。地理的条件や物的・物理的条件・社会文化的条件を指すのです。ところが心理学には「心理的環境」と呼ばれる環境があります。ドイツの心理学者コフカ（1935）の考えによるものです。コフカはドイツの民話に基づく事例を示し、地理的環境と行動的環境を区別することが心理学にとって極めて重要な意味を持つと述べました。行動的環境を分かりやすく述べたものが心理的環境ですが、人はこの環境の中でその人独特のものの見方（認知）をし、その見方に基づいて行動すると考えたのです。例を挙げましょう。

① 健康な人でも、自分は病気ではないかと「思う（認知する）」人はその見方に基づいて行動する。病院通いなどが多くなる。

② 気温が低くてもそれを「寒いと思わない」人は低温でも大雪でも意に介さず、活発に屋外での活動をする。

③ 交通事故はスピードの出しすぎが原因という認知（受け止め方）をする人はスピードには留意するが、その他の違反には無頓着に運転する。安全確認や一時停止などにはあまり関心を示さない。

第3部　ドライバー管理・指導の心理学

交通事故の発生件数は高止まり

２０１０年中の全国の交通事故発生件数は72万５７７３件、死亡者数は４８６３人、負傷者数は89万６２０８人でした（警察庁ＨＰ　平成23年＝２０１１＝２月）。これまでの11年間の事故発生状況の推移を示したのが図８ですが、最近約10年間の傾向を見ると、発生件数は２００１年（平成13年）から５年間の横ばいの後、減少をたどっていることが分かります。死者数は１９９３年（平成５年）頃から連続して減少しています。これは関係各方面の事故防止対策の成果が示された望ましい傾向として評価されますが、新聞やテレビには相変わらず事故発生の報道が絶えない状況ですので、まだ高い数値レベルでの「高止まり」状態と受け止める必要があると思います。対策の手を緩めることはできません。

事故はどんな原因（違反）によって発生しているか

事故防止活動は医師が患者を治療する場合に似ています。患者が示している症状をなくすためにその症状を生じさせている原因を検査などによって見極めてそれを除去します。交通事故防止活動も、多くの事故を発生させている原因を排除することが基本になります。

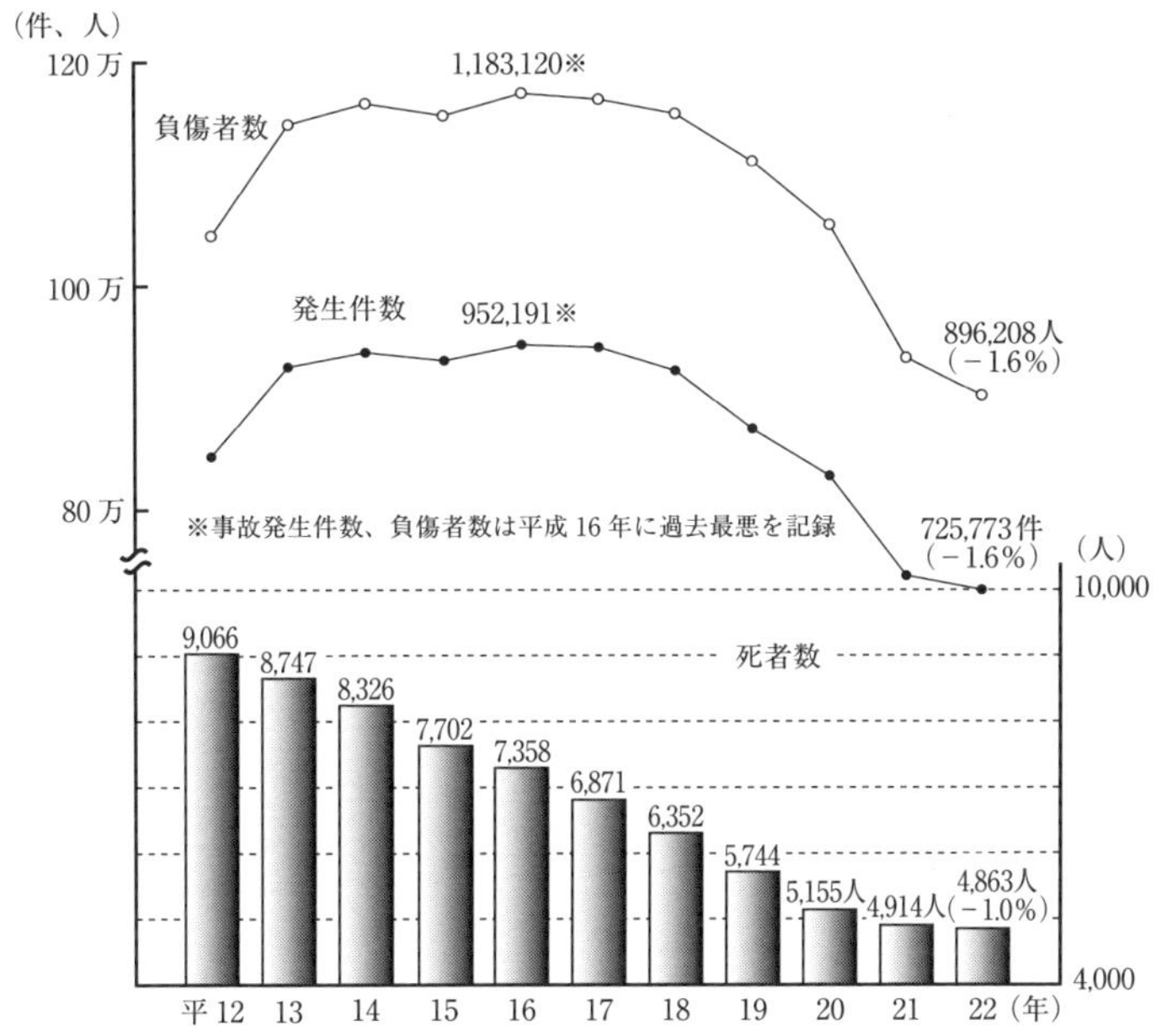

図8　交通事故発生状況の推移（「自動車管理」2011年4月号）

私どもは衝突などの事故原因を事故統計資料や参考図書によって知ることができますが、その一例を示したのが図9です。トリートらのインディアナ大学グループの詳細な事故分析研究の成果を同研究に参加したイスラエル・ベングリオン大学のシナール教授が紹介したものです。同氏はトリートらがインディアナ大学の研究報告書に1977年に報告したものを翌年に自著で紹介しましたが、同じ資料は2007年に出版された近著でも引用されています。シナールがこのデータを重視し

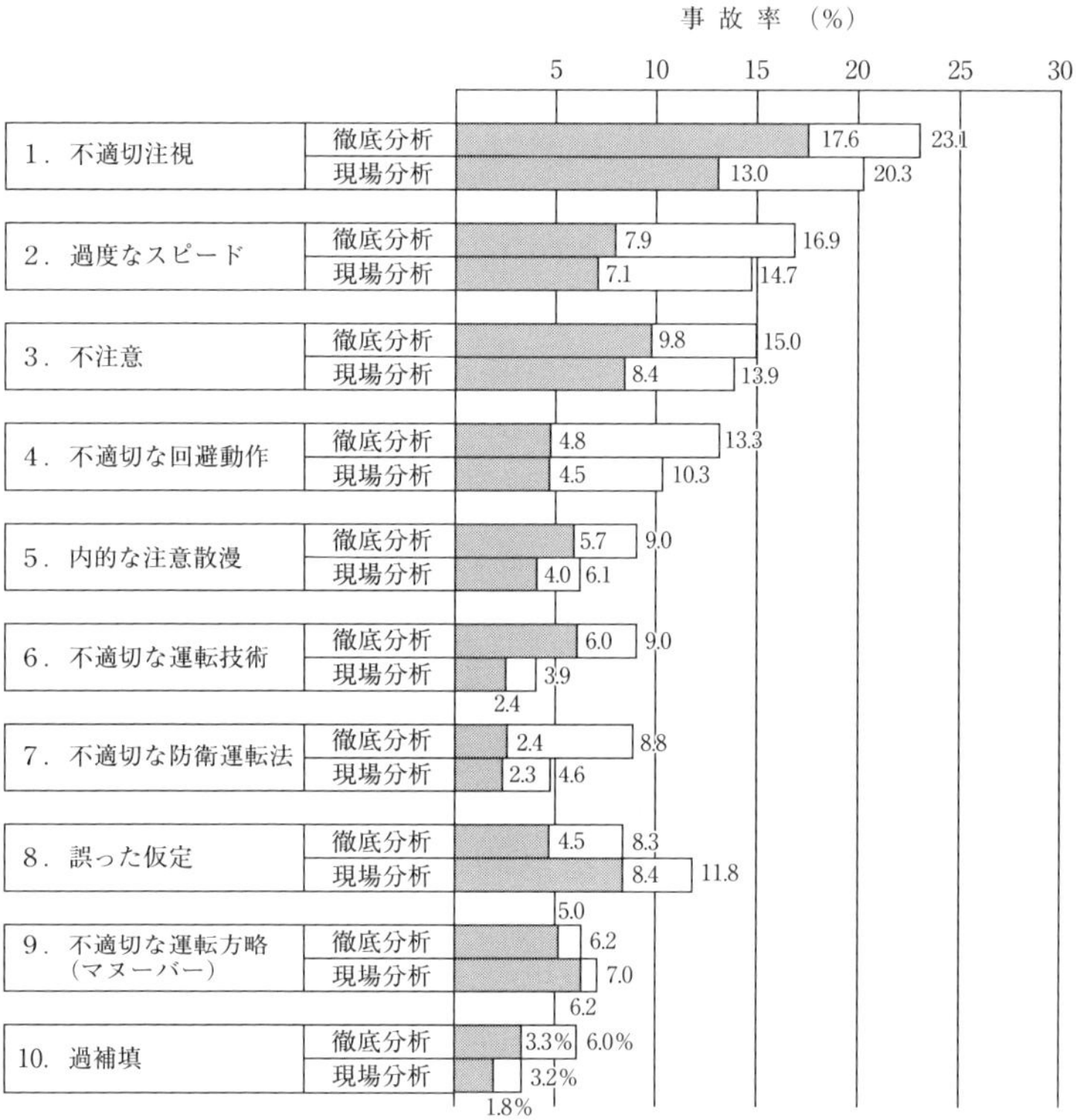

図9　ヒューマンエラー別の事故の割合（トリートら、1977）
（出典：シナール、1978）

ていることが分かります。

この図を見ると、アメリカでは、「現場分析」の結果でも「（研究室での）徹底分析」の結果でも最も多発している事故が「不適切注視」を原因とするものであることが分かります。シナール（写真2）はこの事故は「その車に目を向けてはいたが見ていなかった、見落としていた」ために起きた事故で、交差点で多発していると報告しています。そして、「見なければならない車を見るためにはドライバーは、その車に目を向けるだけではなく、注意を向けなければならない」といいます。シナールはさらに、「不適切注視」による事故は、65歳以上のドライバーでは一般の事故群ドライバーに比べて2倍も高いとも述べています。

日本ではどうでしょうか。「21年の発生状況」によって、事故発生件数を見ると安全不確認が31・9%で最も多く、ついで脇見運転（16・4%）、動静不注視（10・9%）の順となり、安全運転義務違反が全体の約75%を占めていると報告されています。

写真2　シナール教授と筆者

ここで注目したいのは、次のコメント（警察庁ＨＰ　平成23年2月24日付「平成22年中の交通事故の発生状況」による）です。

「過去10年間の推移を見ると、最高速度違反による交通事故は引き続き減少傾向にあり、10年間で約3分の1以下にまで減少した。そのほかの違反も全般的に減少傾向にあるものの、安全不確認及び漫然運転は高い水準にある」。

私は図10（新潟県内における主な違反による事故発生状況の

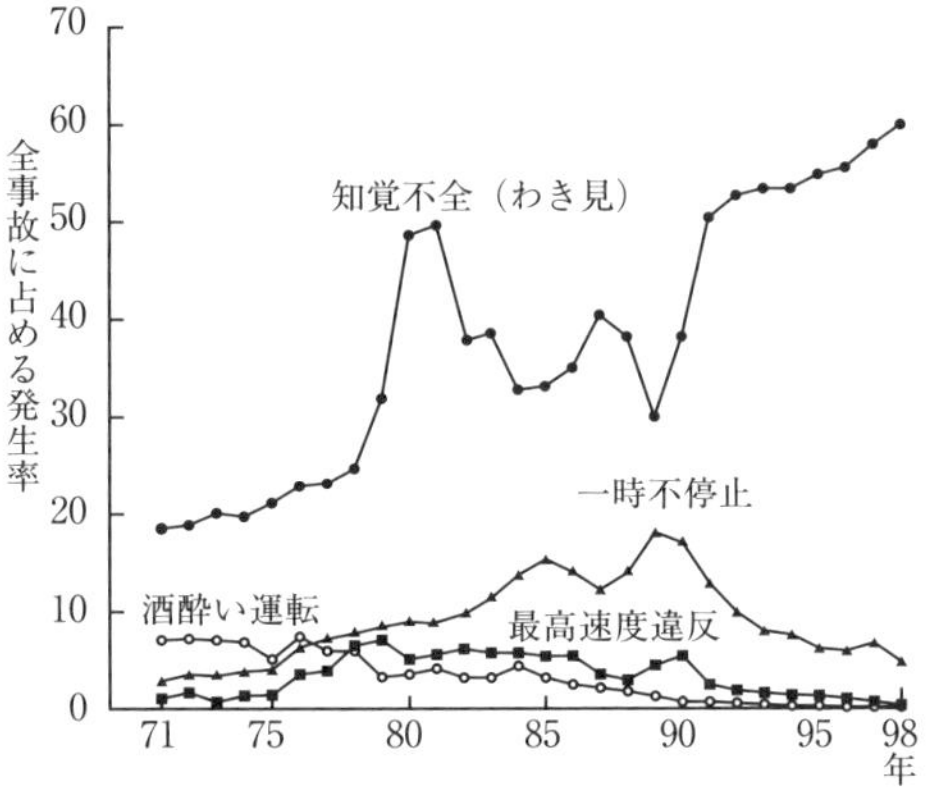

図10　主な危険運転行動による事故の発生率
―新潟県における27年間の変化―
（新潟県警「交通年鑑」により作成）

推移）の資料によって最近30年間の県内の交通事故は、最高速度違反と飲酒によるものが激減しているのに対して、知覚不全による事故（私は安全不確認、脇見運転、動静不注視および漫然運転による事故を「見るべきものを見ていないための事故」としてまとめ、知覚不全事故と呼んでいます）は漸増中で、２００９年中の全事故発生件数に占める発生率は68％であると述べましたが、この傾向は全国的にも見られるのです。

対策はどうあるべきか

私は１９９８年に「人と車」誌に「一時停止・確認キャンペーン―しっかり止まってはっきり確認―効果がありそう、第三の対策」という論文を寄稿しました。その最後に次のように記しました。当時の文章が今日の状況にもあてはまりますので一部を加筆訂正して引用し、対策についてのまとめとします。

「今、横断歩道に一歩足を踏み出しても止まる車はない。逆に、横断歩道の手前で車を止めて横断者を渡そうとすると、後ろの車は私を追い越して行く。脇道からメーン道路に入る車は、止まれの標識があっても減速しないで接近し、こちらが減速すると加速してそのまま流入する。どちらが優先道路か分からない。これが現状である。私は、運転中に道路での観察を通じて、ドライバーの〝止まる構えの無さ〟を痛感している。事故が絶えないと思う。新潟県では死者が前年を上回る心配がある。原因は発生件数では脇見、安全運転義務違反、一時不停止となっている。原因は明らかである。交通三悪とされた無免許、スピード、酒酔いなどの撲滅をはかるとともに、止まる構え・一時停止の励行を進めて早く知覚不全による事故をなくさなければならない」と。

運転者教育―考えさせる、気づかせるそして分かりやすく

講習会などで話をする時、私は参加者に質問します。

Q：事故の件数はどれくらいだと思いますか、全国では？　新潟県では？

Q：これだけ事故が多いのですが事故の原因は何だと思いますか？

Q：安全を確認するにはどうすればよいと思いますか？

などです。もちろん正しい数字や答えは間もなく示しますが、急ぎません。間をおきます。考えてもらうため、話題に関心を向け、参加してもらうためです。出席が義務付けられている法定の講習会などの場合、出席さえすればよい、という構えで聞いている人もいると聞きます。そのような人にとっては一方的に与えられる抽象的な話は退屈で他人事になります。しかし自分に関係のあるデータであれば、自分自身や会社の事故防止のために役立てようとしますので、間をつくれば関心を持ってもらうことができます。

話をする時にもう一つ私が注意していることは、安全のためにどうすればよいのか、具体的な方法を見つけてもらうことです。有名な標語に「安全第一」があります。昔から知られ、説明されていますが、実際にどう行動すればよいかを尋ねると容易には答えが出ません。私はさらに考えてもらいます。そして「安全確認を確実にするにはどうしますか？」と質問を変えてみます。すると、「今まで以上にしっかりと見る、じーっと見る、時間をかけて見る」などの発言がなされます。

私は「分かるような気がしますがもっと分かるように言ってください」と答えます。「今まで以上に」、とか「じーっと」、あるいは「時間をかけて」というのはどうすることですか、と聞くのです。少し経つと「速度を落とす、とか、止まる」という発言が出てきます。これが正解なのですが、私はみんなにもう一度「どうでしょうか」と聞きます。みんなが

「これですね」と言って納得します。これが私の「教え込み」ではなく、参加者の討議の中で「気づかれた」正解であることに意味があったのです。

交通教育—子どもから高齢者に至る教育の一貫性とつながりが重要

一時、高校生のバイク禁止の是非が問題になったことがありました。取られた対策の多くはバイク乗車は禁止するというものでした。いわゆる「三ナイ運動」です。何をどのような方法によって教育するかは、教育の対象になる人々の発達段階やそれまでに受けた経験によって違ってきます。年齢によってそれなりの教育方法が考えられなければならないのです。

交通教育は大まかに言えば、子ども、児童、青少年、成人そして高齢者に区分して行われています。子どもは幼稚園・保育園において、児童は小学校において、青少年は中学校・高校において、成人は事業所・会社などにおいて、そして高齢者については高齢者のための通所施設や老人クラブなどの集会において、というように主として行政担当者が関係者と連携するなどして実施しています。

交通教育の目的を、私は良きドライバーづくりを目指して行われるものと思っています。将来は文字通りの国民皆免許、否、家族全員所有の時代になると考えられるからです。

交通事故は減少しているといわれますが、相変わらず続発しています。大小の事故発生のニュースが絶えることがないのです。今こそドライバーはもとより、歩行者も安全確保のための資質を身に付けなければなりません。

安全確保のための資質として私は危険識別能力（危険感受性とか危険予知能力ともいわれます）と安全態度が大切だと思います。危険識別能力は危険はどこに潜んでいるかを気付き、見分ける、危ないことを危ないと感じ、怖い（怖がるべき）ものを怖いと感じる、自分の行為（特に危険な行為）がどんな結果や影響（波及効果）を及ぼすかなどを見越す能力です。

安全態度とは、危険をみだりに犯さない、他人の立場や心情を理解する、運転のルールや手順を守ろうとするという能力です。これらの資質は、教育・訓練によって知識として与えられ定着させることはできますが、習慣化され、行動として実行されなければなりません。

ここに大きな問題が生じます。成人後に一挙にそれを身に付けることはできないからです。運転免許取得の前後における集中的な教育によって身に付けることも不可能ではありませんが、望ましいのは、幼少年期に始まる交通教育の中で将来のドライバー作りを意図しつつ、徐々に身に付けさせることです。

その具体例を示しましょう。乳児や年少者の場合には何の危険意識もなく、反射能力も十分ではありませんので、一種の強制と反復を行って危ないものとそれに対する身構え方を教える。危険を理解し、判断できる年長児では、一時停止・確認などなすべき行動の意味を考えさせ、大人が実行して真似させることによって自然に習慣にさせ、身に付けさせるのです。中学生以降の教育は「青年教育」になりますので、教え込みを避け、考えさせて「気づかれた」正解に至るようにするなどの、青年の心理を十分に考えて指導を行わなければなりません。

事故の実態と対策のズレ

さまざまな講習で気付くことがあります。全国の交通事故の発生件数、死亡者数、負傷者数を紹介したあとで、「ところであなたの会社（事業所）」ではどんな事故が多いのでしょうかと「信号無視」、「スピードの出しすぎ」、「飲酒運転」そして「安全不確認」の4項目をスクリーンに示して順に尋ねます。すると「信号無視」、「スピードの出しすぎ」、「飲酒運転」に対する答え（挙手）がほとんどないのに対して、安全を確かめなかったために発生した事故＝「安全不確認」と答える参加者が圧倒的なのです。この結果をもとにして、全国的な統計も示した上で身近なところで発生している事故が、安全不確認によるものであることを改めて理解してもらいます。

ところが問題はこの後に起きます。「あなたは安全運転管理者として主にどんな違反をなくす指導をしているのでしょうか」ともう一度尋ねます。今度は「スピードの出しすぎをしないようにという指導」と大半の人が答えます。身近なところで発生している事故の多くが安全不確認という実態であるのに、管理者として講じている重点対策がスピード抑止であるという答えになってしまうのです。事故の実態と対策の優先順にズレが生じているのです。事故発生の実態に即応した安全管理の徹底に努める管理が求められるのです。

雪道での運転

私は、雪道でスリップ事故による死亡事故を起こしたプロドライバーに面接し、事故発生直前の経過と心理状態について聞き取り調査を行ったことがあります。面接を通じて感じたのは、一つはドライバーが雪道特有の危険性を知らないことであり、もう一つは危ないと分かっていながら安全な方法を取ろうとしない（危険を敢行する傾向がある＝21ページ「事故を起こしやすい人」参照)、ということでした。「危険なことについての知識が不足(欠落)していること」および「危険を避け無事に運転するために必要なことを省略していること」でした(長塚1987)。

雪が降ると路面は滑りやすい状態になり、安全運転に必要な視覚的、聴覚的情報が不足しがちに(周りが見えにくく、音が聞こえにくく)なります。事故を起こしたドライバーの多くは、「雪が降ってきたら注意しなければならない」ことを知っていながら、無雪期と同じ構えで雪道を走り、失敗しているのです。

スリップ事故を起こしたドライバーの問題点

① 滑りやすい条件のもとに置かれているのに、速度を落とそうとせず、ともすれば、無雪シーズンと同じような構えで「急ごう」とする。速度を調節しない。

② 天候が変わりやすいことを考えず、道路の客観的状態をきちんと読み取ろうとしない。

③ 「通りなれた道(場所)であり、よく分かっている。これまで問題が無かったのだから大丈夫」と考え、経験に捉われた運転をして失敗している。

雪道でしてはならないこと

① 夏タイヤで走る。降り始めの時期に多少の雪なら大丈夫と考え夏タイヤで走る。必ず滑ります。油断禁物なのです。

② 急発進、急ハンドル、急ブレーキ、無雪期のようなスピードで走る。とにかく雪道は「ゆっくりと運転する」。計画的に早め早めに出発しなければなりません。

③ 車線変更を繰り返す。「わだち」の壁は低く見えても硬く、乗り越える時の抵抗は強いのです。追い越す場合、元の車線に戻るのに予想外の時間がかかります。早く戻ろうとして急加速すると、思わぬスリップを招いて車体の向きが変わることがあり、危険です。

欠かせないバックアップ適性管理

これからは、会社の安全文化を社長からドライバー・事務職員までの全員の努力で高めることが重要です。事故を多く起こしがちな特定の人たちだけに「がんばらせる」ことや「自己改善を目指して努力をさせる」というだけでは事故防止の目的を達成することはできません。

事故が多い特定のドライバーを対象に指導を徹底する個人適性管理と同時に、幸いにして事故を起こしていないその周りのドライバー群と職員に対する交通教育をも徹底することです。私はこのやり方を「バックアップ適性管理」と呼んでいます。

バックアップという言葉はいろいろな場合で使われますが、安全活動にも同じことが言えます。最前線のドライバーだけではなく、会社や企業、組織全体が「事故抑止」「安全促進」を目標にして絶えず努力して動いていなければ安全は達成されないのです。周りのみんなが「事故を起こさないという同じ目標に向かって努力している」ことが大切なのです。

索敵

さまざまな事故防止対策がとられていますが有効な対策は何でしょうか。平成22年中の全事故に占める第一当事者の違反別発生件数（割合）は最高速度、飲酒運転ともに低率で、この傾向は最近10数年間持続しています。痛ましい交通事故の原因つまり事故を引き起こす違反行動として長年にわたって取り締まりが継続されてきた成果と考えられます。事故を発生させる問題行動に狙いを定めて叩き続けることにより事故防止が進んだ良い例なのです。

索敵は、戦争などで「敵軍がどこにいるか、その位置と兵力を捜し求めること」（国語辞典）ですが、交通戦争と名づけられる現代社会においても「発生した事故は何が原因で起こったのかを見極めて排除の努力を続けることが重要」という意味で用いることができるのです。繰り返し見てきたように、交通事故の多くは周囲の安全を確かめないために起きています。写真3の広告は国道筋で見かけたものですが、事故防止のポイントは安全確認ということをよく示しています。そのために効果のある方法が「一時停止・確認」であることは本書で強調したとおりです。「止まって、見る」を習慣にしましょう。習慣にしないと、いざという時に止まることはできません。

写真3　事故防止のポイントは安全確認

あとがき

「交通安全」とか「高齢者を事故から守ろう」というのぼり旗や看板が数多く目に入ります。大切なことです。だれもが交通安全を保ち、高齢者の事故をなくしたいと思っています。しかしこのスローガンを叫び続けるだけでは事故はなくなりません。「どうやって事故をなくすか」が重要なのです。

この本は、交通事故をなくすにはどうすればよいか、具体的な考え方や方法を単なる思い付きではなく、国内外の交通心理学者が研究してきたことをよりどころにして多くの人々にお伝えしようとして書かれました。私はこの本を「できるだけ分かりやすく、簡潔に」書こうと努めました。事故を起こさない方法を理解していただき、それを毎日の運転や外出に生かしていただくためです。

文章はテーマごとにできるだけ短くしました。どのページから読み始めても分かるように編集してありますので、関心のあるテーマからお読みください。この本の主な読者層として考えているのは一般の人々です。今は自動車を運転していないが、車と同じ道路を自転車で通行し、近い将来ドライバーの仲間入りをする中学生・高校生の皆さんや歩行者、免許を取って間もない初心者の皆さんにも読んでいただいて、事故を起こさずに安全に通行するにはどうすればよいかを理解していただきたいと思っています。また指導的な立場に立っている人々、安全運転管理者・運行管理者、自動車教習所の指導員の方々に心理学の基礎的な考え方を紹介したいと考えて用意したのが第3部です。

私が交通問題の研究を始めたのは1960年頃でした。恩師北村晴朗教授の指導による自動車事故防止研究グループに参加した時です。あるバス会社での運転者の心理特性分析研究（北村ら　1962）がテーマでした。その後の約50年間には、1年に1万5000人もの人が亡くなるという年があって交通戦争と呼ばれたり、暴走族が走り回った時もありました。スピードの出し過ぎ、酔っ払い運転、無免許運転などが交通三悪と呼ばれその排除が事故対策の重点にされた時代です。

最近、新聞やテレビは事故が減少していると伝えています。関係各方面の事故防止対策の成果として喜ばしいことです。しかし注意して統計を確かめると実は事故の発生は「高止まり」で予断を許さない状況です。毎日のように事故が報道されているからです。減少しているなどと言って手綱を緩めるわけにはいきません。

どうすればよいのでしょうか。すでに（63ページ）警察庁ＨＰのコメントを引用して今後の対策のありかを探るヒントを示しました。事故発生の現状が的確に示されていますので、その内容を要約してもう一度紹介します。

スピードや飲酒が原因だった時代から安全不確認（見るべきものをきちんと確認しない）などの「知覚不全」を問題にしなければならない時代に変化しているのです。このことはすでに本文中でも触れました。知覚不全の排除法、それは見るべきものをまっすぐ前方で捉え時間をかけて見ることでした。そのためには運転している時も、歩行中も交差点など見通しの悪いところに来たら、「止まって見る」ことです。

スピード事故や飲酒事故は警察・運輸局・交通安全協会など交通運輸関係行政や団体の尽力によって激減しました。しかし私どもの周りにはもう一つの困りごと、安全不確認

（知覚不全）事故があるのです。これをなくすために、私はスピード事故と飲酒事故の抑止に成功を収めた第1、第2の対策に次ぐ第3の対策として「しっかり止まって、はっきり確認」をスローガンとする「一時停止・確認」キャンペーンを提唱しました。1989年でした。筆者が代表者を務める新潟市民の事故防止活動グループ「交通新時代・新潟」のキャンペーンとして取り組んだのです。この会は「高校生のバイク乗車」が全国で問題にされた頃、1982年に設立されましたが、その後の活動が評価され、2006年にはNPO法人として認証されました。「一時停止・確認」キャンペーンは「交通新時代・新潟」が年間を通じて取り組んでいる活動ですが、具体的には56ページに示したキャンペーンステッカーを用いて広報及び研修活動を行っています。

本書は新潟日報事業社に二つの原稿、（昨年度機会を与えられて作った新潟県安全運転管理者協会の法定講習テキストと月刊誌に寄稿した原稿）を見ていただいたことがきっかけとなり出版の運びとなりました。編集担当の同社出版部・新保一憲氏の「この本を早く出して交通事故をなくしましょう」という言葉に大きな力を与えられて遅筆の私の執筆テンポは加速されました。同氏には心理学用語の一般用語への表現変更や重複や過剰な表現部分をばっさりと削られたりなどさまざまな部分で読者の立場からの問題を提起してもらい、普段自分が執筆していた文章の特徴に気づかせていただきました。おかげで刊行にいたることができました。この場を借りて厚くお礼申し上げます。

２０１１年３月

長塚康弘

（訳）1990 クレベルスベルク 交通心理学 企業開発センター
小林　實 2003 なぜ起こす交通事故—運転席の安全心理—中央労働災害防止協会
Koshi, M. 1985 Road safety measures in Japan. In Evans, L. & Schwing, R. C. Human behavior and traffic safety, pp. 27-41. An International Symposium Sponsored by the General Motors Research Laboratories.
丸山欣哉 1995 適性・事故・運転の心理学 企業開発センター
松永勝也（編著）2002 交通事故防止の人間科学（第２版）ナカニシヤ出版
長塚康弘 1990 日本における交通心理学研究の展開 交通心理学研究 vol.6, No.1, 1-13.
長山泰久 1979 ドライバーの心理学 運転センスの養成と防衛運転　企業開発センター
日本交通心理学会編 1993 人と車の心理学Q&A100 ㈱企業開発センター
大塚博保 1979 安全指導の技法—運転者の個性に応じた—㈱ 新三容
蓮花一己（編著）2000 交通行動の社会心理学—運転する人間の心と行動—北大路書房
Shinar, D. 1978 Psychology on the road—The human factor in traffic safety—野口　薫・山下　昇（訳）1987 シナール、D. 交通心理学入門 サイエンス社
スチュアート、J. 1975　無事故運転はだれでもできる—不滅のレーサーの説く安全運転の秘訣—リーダーズダイジェスト 7 月号 50-55.
滝沢武源 1991 教習に関する２～３のコメント 日本交通心理学会・（社）愛知県指定自動車教習所協会主催 シンポジウム「指定自動車教習所における運転教育の方向を考える」
鶴田正一・丸山康則・長塚康弘編著 1982 安全運転の人間科学 1. 事故はなぜ起こるか 企業開発センター
宇留野藤雄・丸山欣哉・小林　實 1982 安全運転の人間科学 II ドライバーの特性をさぐる 企業開発センター
吉田信弥 2006 事故と心理—なぜ事故に好かれてしまうのか—中央公論新社

長塚康弘 1985 事故多発運転者の作業特性についての研究―内田・クレペリン精神作業検査の妥当性の検討を通じて―交通心理学研究 vol.1, No.1, 25-35.

長塚康弘 1987 積雪地域における交通事故防止方策に関する調査報告書 運輸省新潟運輸局

長塚康弘 1988 無事故ドライバーはどのような心構えで運転しているか 日本交通心理学会編　安全運転の心理学 I 安全運転の心理と行動, 25-52. 企業開発センター

長塚康弘 1993「一時停止・確認」キャンペーン―新潟県にみるその効果と展開―自動車学校 第29巻12号（通巻333号）14-19.

長塚康弘 1998「一時停止・確認キャンペーン」―しっかり止まってはっきり確認―効果がありそう第３の対策―全日本交通安全協会刊「人と車」平成10年12月号, 1-8.

長塚康弘 2003 運転者指導における心理検査の活用―Y-G性格検査成績にみる特徴とその活用―日本心理学会第67回大会研究発表論文集, 25-26.

Shinar, D. 2007 Traffic Safety and Human Behavior. Elsevier.

Tillman,W. A. & Hobbs, G. E. 1949 The accident-prone automobile driver. A study of the psychiatric and social background. American Journal of Psychiatry, Nov., 106, 321-331.

鶴田正一 1968 事故の心理 中公新書

参考文献

本文中で引用されてはいないが、理解を深めようとする人のための文献

Echterhof, W. 1991 Verkehrspsychologie, Entwicklung, Theme, Resultate. 長塚康弘（訳）エヒターホフ, W. 2000 交通心理学―歴史と成果―企業開発センター

片平清昭 1998 交通事故絶滅をめざした運転者対策の提案　日本人間工学第39回大会講演集　34巻 396-397.

清宮栄一・西山　啓・木島公昭編著 1982 安全運転の人間科学 Ⅲ ドライバー教育のすすめ　企業開発センター

Klebersberg, D. 1982 Verkehrspsychologie. Springer-Verlag. 蓮 花 一 己

引用文献

本文中で引用された文献（個人的討論、学会発表資料集などは省略）

Broughton, J. 2007 The correlation between motoring and other types of offence. Accident Analysis and Preventio, 39, 274-283.

Drake, C. A. 1939 Accident proneness: a hypothesis. Character and Personality. 8, 335-341.

狩野広之 1977 注意力―ミスをしなければ成功する―㈱かんき出版

北村晴朗・丸山欣哉・長塚康弘・菊池哲彦 1962 ドライバーの適性を心理学的に見る―興味ある適性検査とその結果―モーターファン 9月号 195-200.

北村晴朗 1972 安全と事故・災害の心理 安全工学11巻6号 315-321.

Koffka, K. 1935 Principles of gestalt psychology.

Kroj, G. & Pfeiffer, G. 1973 Der Kölner Fahrverhaltens-Test（K-F-V-T）Faktor Mensch im Verkehr, Heft 21. Frankfurt.Tetzlaft.

Lauer, A. R. 1960 The Psychology of driving.

Miller, G. A. 1956 The magical number seven plus or minus two: some limits on our capacity for processing information. Psychological Review, 81-97.

Nagatsuka, Y. & Maruyama, K. 1962 Effects of alcohol upon speed anticipation reaction test and discriminative reaction test of multiple performance type. Tohoku Psychologica Folia, 21, 47-53.

丸山欣哉・松村政美・加藤忠久・吉田信弥　1974　目の動きを含めなまの運転行動をとらえる―VTRによる安全運転指導法―運転管理　10（7），14-17.

丸山欣哉 1982 アルコールは運転にどのような影響を与えるか―運転行動録画装置による実験結果報告―鶴田正一・丸山康則・長塚康弘編著 安全運転の人間科学 1．事故はなぜ起こるか 5章，87-117.

丸山欣哉編著（1995）適性・事故・運転の心理学 企業開発センター交通問題研究室

長塚康弘 1982 事故を起こしやすいドライバーはいるのか―事故反復性の問題―日本交通心理学会編 安全運転の人間科学 I 事故はなぜ起こるか 34-53.

人名索引

ナ行

ハ行

マ行

ヤ行

ラ行

ワ行

サ行

タ行

事項索引

長塚　康弘（ながつか・やすひろ）

1935年　山形市に生まれる
1957年　東北大学文学部卒業（心理学専攻）
1963年　同大学大学院文学研究科同博士課程満期退学
1963年　東北大学文学部助手、その後、新潟大学教育学部助手、同講師、助教授を経て
1977年　新潟大学人文学部教授
1994年　博士（文学）を取得

この間、認定心理士（日本心理学会）、主幹総合交通心理士（日本交通心理学会）資格取得

2000年　新潟大学を定年により退職、新潟中央短期大学教授
2002年　新潟中央短期大学学長
2005年　新潟中央短期大学を定年により退職

現在、新潟大学名誉教授、新潟青陵大学において応用心理学講義を、新潟医療福祉大学において学習・認知心理学講義を担当

主要著書・訳書
「要説心理学」（共著，1967）（昭学社）
「現代心理学の諸相」（共著，1980）（誠信書房）
「安全運転の人間科学Ⅰ，Ⅱ，Ⅲ」（各編著，1982）（企業開発センター）
「刺激のない世界―人間の意識と行動はどう変わるか―」（共著，1986）（新曜社）
C. ベル「労働環境の心理」（1987）（誠信書房）
W. エヒターホフ「交通心理学―歴史と研究成果―」（2000）（企業開発センター）

学会活動
国際学会：国際応用心理学会会員、国際交通運輸心理学会会員
国内学会：新潟心理学会会長、日本心理学会会員、日本応用心理学会名誉会員、日本交通心理学会名誉会員、東北心理学会理事

社会的活動
独立行政法人自動車事故対策機構適性診断専門委員、NPO法人交通新時代・新潟理事長、公益社団法人にいがた被害者支援センター理事、社団法人新潟県安全運転管理者協会部外講師

交通心理学《こうつうしんりがく》が教《おし》える　事故《じこ》を起《お》こさない20の方法《ほうほう》

平成23（2011）年４月１日　初版第１刷発行
平成31（2019）年３月10日　初版第６刷発行

著　者　長塚　康弘
発行者　渡辺英美子
発行所　㈱新潟日報事業社
〒950-8546
新潟市中央区万代3丁目1番1号
メディアシップ14階
TEL 025-383-8020　FAX 025-383-8028
http://nnj-book.jp

ISBN978-4-86132-446-8